青史流光：跨越时空的那些人

李广传

编著：宫浩奇

绘者：小马车图书

中国戏剧出版社
CHINA THEATRE PRESS

图书在版编目（CIP）数据

李广传 / 宫浩奇编著；小马车图书绘． — 北京：中国戏剧出版社，2023.1
（青史流光：跨越时空的那些人）
ISBN 978-7-104-05284-5

Ⅰ．①李… Ⅱ．①宫… ②小… Ⅲ．①李广（?- 前119）—传记 Ⅳ．① K825.2

中国版本图书馆 CIP 数据核字（2022）第 177544 号

李广传

责任编辑：肖　楠
项目统筹：康祎宁
责任印制：冯志强

出版发行：	中国戏剧出版社	印　刷：	保定市铭泰达印刷有限公司
出 版 人：	樊国宾	开　本：	710mm×1000mm　1/16
社　　址：	北京市西城区天宁寺前街 2 号国家音乐产业基地 L 座	印　张：	78
邮　编：	100055	字　数：	280 千
网　址：	www.theatrebook.cn	版　次：	2023 年 1 月　北京第 1 版第 1 次印刷
电　话：	010-63381560（发行部）　010-63385980（总编室）	书　号：	ISBN 978-7-104-05284-5
传　真：	010-63381560	定　价：	298.00 元（全 10 册）

读者服务：010-63381560
邮购地址：北京市西城区天宁寺前街 2 号国家音乐产业基地 L 座

版权专有，违者必究；如有质量问题，请与出版社联系调换。

临江仙·李广

林暗风急如虎踞,箭鸣寒夜长空。
没石坚簇撼心动,将军威名铸,勇悍传关中。

掩日旌旗城塞边,驻留飞将残踪。
时乖多战怅无功,往来千万客,持酒忆英容。

姓　　名　**李广**

所处时代　汉文帝—汉武帝时期

主要事迹　抗击匈奴

关联名人　李敢（子）、李陵（孙）、汉武帝、卫青、霍去病

文化标识　飞将军；桃李不言，下自成蹊；冯唐易老，李广难封；射虎入石

历史背景

在中国古代，对于大多数中原王朝而言，来自北方游牧民族的威胁始终是萦绕在头顶挥之不去的阴云。如战国秦汉时的匈奴，晋朝时的匈奴、鲜卑、羯、氐、羌，隋唐时的突厥，北宋时的契丹，南宋时的女真、蒙古，明朝时的瓦剌、鞑靼、女真等，这些少数民族往往民风剽悍，擅长骑射，来去如风，时常派兵对中原王朝进行侵扰、劫掠，甚至取而代之。汉朝初年，曾经一度袭扰秦朝，但被秦朝大将蒙恬击败的匈奴再次强盛起来。在其首领冒顿单于的带领下，厉兵秣马，兴兵南侵。刚刚经过灭秦战争、楚汉战争而崛起的汉朝皇帝刘邦奋然反击，却不料中计被困，差点为敌所擒。无奈之下，只好暂时屈服，选送公主远嫁匈奴，以求得敌人不再南下，汉匈之间遂进入和平时期。之后吕后专权、文景当政，基本都延续了汉高祖刘邦的对匈策略。两方虽然大规模的战争不再爆发，但匈奴时常背信弃义，从未停歇过小规模骚扰。汉朝对此含羞忍辱，不过多理会，而是将主要精力全部放在国内建设上，无为而治，与民休息，同时，加强训练，充实武库，注重马政，扩充军队。到汉武帝时期，经过六十余年积蓄的汉朝，国力变强，遂一改之前的软弱政策，开始对匈奴进行全面反击。汉匈之间大战迭起。

故事线索

少年李广

平叛无功

神箭夺命

被迫迂回

迷途获罪

刎颈自证

军民追忆

李敢犯上

飞将戍·胡马哀

疑兵退敌

雁门脱险

南山射石

霸陵受辱

求战漠北

难封释疑

以寡凌众

去病射李

李陵降胡

司马遭刑

后人赞誉

武帝株连

少年李广

　　李广，汉代著名将领，出生于陇西成纪（今甘肃静宁县）。他的先祖是战国时期秦国的大将李信，曾为秦统一六国立下赫赫战功。李广家族世代研习射箭，到李广时，他年纪轻轻就已经是远近闻名的神射手。在他少年时期，纵横北方的少数民族匈奴屡屡派兵入侵汉朝边地，烧杀抢掠，生灵涂炭。李广为保家卫国，以良家子身份参军并对敌作战。箭术高明、骑术精湛的李广每每能够大败敌军，所以很快就因功被任命为中郎将，经常陪侍皇帝出行。由于李广总能冲锋陷阵，甚至格杀猛兽，故而当时的皇帝汉文帝特别赏识他，常说："李广呀，你真是生不逢时，假如你生活在汉高祖时代，封个万户侯简直是绰绰有余啊！"

青史流光：跨越时空的那些人

私受印信

汉文帝死后,他的儿子汉景帝继位。此时汉朝爆发了"七国之乱",七个刘姓诸侯王不满中央对他们封地和权力的剥夺,公然发动叛乱。李广跟随太尉周亚夫出兵平叛。在平叛的战斗中,李广勇猛善战,一举夺下了敌人的军旗,名声大噪。同时参与平叛的还有皇帝的亲弟弟梁王刘武。刘武对李广也非常欣赏,为了拉拢李广,就私下赐给了李广一个将军的印信。作为中央的将领,私下接受诸侯国给的印信,其实非常不妥当。果然,班师回朝后,对梁王深怀戒心的汉景帝听说了此事,认为李广对自己不忠诚,所以非常生气,不仅剥夺了李广平叛立功应得的奖赏,还远远打发他到边地上谷任太守。

辗转抗敌

李广并未因此而有怨言，依旧忠心耿耿地为国戍边。他打起仗来非常凶猛，日夜不息，而且总是不顾生死，冲锋陷阵，搞得匈奴人非常头疼，但这种做法也让他的同僚非常担心。一次，时任典属国（秦汉时期负责外交的职位）的公孙昆邪（hún yé）哭着给汉景帝上书说道："李广才气无双，当世罕有匹敌。作为上谷太守，他却总是这么不爱惜自己，仗着勇力拼死冲杀在第一线。再这样下去，恐怕有一天我们将失去这员良将啊！"汉景帝认为公孙昆邪说得很对，于是下诏把李广从上谷郡调走，而改为上郡太守。后来李广转任各个边郡，曾在陇西、北地、雁门、代郡、云中等地任职，这些地方都是与匈奴抗争的第一线。

青史流光：跨越时空的那些人

途中遇袭

　　李广英勇善战且任劳任怨,不管在哪里当太守,他都以勇冠三军、拼死力战而闻名。一次,汉景帝派一个亲信宦官跟着李广练兵。这名宦官练了几日后,自信心膨胀,带着几十名骑兵跑到城外纵马驰骋、耀武扬威。途中遇到三个看似普通的匈奴人。宦官一看只有三人,心中不禁大喜,催促手下骑兵快去捉拿。不料这三人毫不畏惧,张弓搭箭,随手抛射,汉军骑兵纷纷被射落马下。宦官吓得面无人色,赶紧奔逃。等逃回城池时,他的手下几乎已经伤亡殆尽。宦官战战兢兢地向李广报告了此事,李广微皱眉头,断然说道:"这一定是匈奴的射雕手,我亲自去对付他们。"

神箭夺命

　　李广不敢托大，带了一百多精锐，旋风般出城去追赶三名匈奴人。匈奴人刚刚得胜，以为汉军都是酒囊饭袋，所以根本没有逃走，还在十里之外闲庭信步。李广时间不大就追上了三人。他命令大家左右散开，两边包抄。匈奴人冷眼看着汉军，毫不在意。他们在静静等待汉军进入射程。可谁料，"嗖－嗖－嗖"三声急响，李广远远在匈奴人的射程之外，就抢先出手，连珠箭发，三个匈奴人顿时两死一伤。这时汉军包围过来，活捉了受伤的匈奴人。这人睁大了眼睛，不可置信地看着李广，他没有想到汉人中居然会有比他们还要高明的神射手。没费李广多少力气，这个人就交代了自己的身份，果然是匈奴人里出类拔萃的射雕手。

青史流光：跨越时空的那些人

与敌周旋

李广等人正要押着俘虏回城。忽然间，就听得远处唿哨连连、马蹄声震。大家手搭凉棚，往后一看，不禁大惊失色。只见数千匈奴人鼓噪着朝他们冲锋而来。一百多人对几千人，简直毫无胜算。手下人催促李广下令快逃。可是，李广只是静静地不动声色，缓缓说道："敌人马快，而且有马匹可换。如果我们现在逃走，人困马乏，必然会被敌人追上，那样我们可就无一幸免了。与其如此，不如装作毫不在意的样子，继续留下。敌人不明虚实，定然会以为我们这些人是出来诱敌的，而身后有大军在埋伏。敌人这样想，就绝对不敢轻易来进攻了。"众人将信将疑之际，看到刚才还奋力冲锋的敌军果然停下了步伐，开始列阵观望了。

阵前解鞍

匈奴人狐疑地看着汉军,不知道这一百多人究竟是什么身份;汉军们也浑身僵硬,不敢乱动,生怕引发匈奴人的冲锋。双方僵持了一会儿,一些匈奴人看汉军没有异状,忍不住**跃跃欲试**,想要试探着进攻。李广觉得不能再被动等待下去,就命令大家朝着匈奴大军缓缓逼近,一直到离匈奴阵地很近的地方才停下来。看到汉军如此一反常态,匈奴人刚刚打消的疑虑再次升起,一时不敢轻举妄动。**李广命令大家下马解鞍,躺卧在草地上休息**。随从们害怕极了,如果这时候匈奴人突然袭击,大家一定死无葬身之地。可看到李广将军那么镇定自若、毫不畏惧,大家的心也安定了下来,开始躺的躺、坐的坐,互相递水进食,谈笑风生。

青史流光：跨越时空的那些人

二〇

急箭除谍

匈奴人见此情况,更加惊疑不定,他们实在不明白这批汉军怎么会如此大胆。难道后面真的有大批汉军在埋伏,否则他们怎么会这么有恃无恐?难道这批汉军是要拖住我们,已有其他汉军绕道背后,把我们尽皆包围,一网打尽?匈奴人心下愈发不安,于是派一名骑士离开队伍,靠近汉军,去观察一下这些人,看看他们到底在干什么。这名骑士跨着一匹雪白的战马,"踢踢踏踏"地缓步走向汉军,心中却不住地打鼓,做好了随时回撤的准备。李广眼角余光一扫,立刻捕捉到了敌人的动向。他心下明白敌人的企图,于是急速翻身上马,弯弓搭箭,一箭朝敌人射去。那人根本来不及反应,瞬间中箭落马。匈奴人、汉军尽皆失色。

匈奴逃走

李广面色如常,悠然地返回军阵,下马解鞍,将弓箭抛在一边,继续躺卧在草地上休息。匈奴人这下更加慌张了,他们没想到汉军将领如此悍勇,箭术如此精湛,这可如何是好?此时,天色渐渐变黑,晚风吹动着旌(jīng)旗,猎猎作响。匈奴人只感到一股股凉意在他们心中油然升起。"快,快,点燃火把!"匈奴将领下令到。可是火把只能照亮眼前不足十米的地方,再远处就灰蒙蒙一片,而且眼前这一百多汉军也隐藏在暮色中,根本不知道他们动向。火光中的匈奴人感觉自己仿佛置身于黑暗森林中的羊羔,周围都是屏息凝神的猛兽。终于,他们忍受不了这种恐惧,唿哨一声,策马奔逃而走。李广等人兵不血刃,成功脱险。

飞将戍·胡马衰·李广

我看你们怕不怕？

军纪宽松

又过了几年,汉景帝去世了,雄才大略的刘彻接替了皇位,也就是汉武帝。李广在同僚中口碑颇佳,大家都说他是当世名将。武帝见李广名气很大,就将李广调回长安,担任未央卫尉,同时期任命另一名将程不识担任长乐卫尉。两人出身、经历都差不多,但带兵的风格却完全不同。程不识治军严整,军纪森严,士兵们都觉得跟着他太辛苦,规矩约束太多。但军队也因此而无懈可击,敌人都不敢轻易进犯。

而李广却规矩宽松,即使领军出征,也不会让人在军营站岗放哨,只是远远地打发斥候去探听消息,其他人就在军营里自由活动。因此,士兵们都愿意跟随他,为他效死。但这种带兵风格如果遇到敌人突然来进犯,也确实很容易战败。

李广被擒

　　李广这种带兵风格终于有一天让他吃到了苦头。一次，李广率军从雁门关出击匈奴。这次匈奴人兵势浩大，李广不幸战败，而且被人活捉了。匈奴单于得知李广被捉，兴奋不已，命令手下人一定要将其活着带回王庭。可当时李广已经受伤，走不了路。如果让李广独自骑马，既担心他受不了颠簸而死去，又担心他乘机逃走。于是匈奴人想了个办法，他们在两匹马的中间挂了一张柔软的草编大网，然后把受伤的李广放在大网之上，两马并排前行，前后左右各有其他卫兵护送监视。这样就既能保护李广不受进一步的伤害，以完成单于的命令，又能够防止李广逃出手心。匈奴人自以为此次押送俘虏的行动将万无一失。

青史流光：跨越时空的那些人

夺马逃跑

李广虽然有伤在身，但其实并不严重。为了麻痹(bì)敌人，伺机逃走，他一直装作昏迷不醒，静静地躺在网上，看起来一副有气无力的模样。原本对李广深具戒心的匈奴兵将见此情景放下心来，不再注意他，而是自顾自地谈天说地起来。李广偷偷地用眼角余光打量着周围的动静，觑(qù)到敌人放松的刹那间，李广"嗖"的一声飞跃而起，越过张网的骑兵，一脚将后边的一个匈奴骑兵踹下马去，而自己却顺势跨坐在雕鞍之上。马匹突然受惊，"唏溜溜"一声长嘶，前蹄一下子扬了起来，作势要将李广掀下马背。李广却面不改色，用力一夹马腹，马儿被控制着"噔噔噔"原地一转身。李广紧接着打马扬鞭，绝尘而去。

雁门脱险

匈奴兵将看着李广行云流水般跳起、踢人、抢马、控马直至飞身而去,一时都惊呆了。等李广策骑向南跑出三四丈远了,匈奴兵这才反应过来。"快,快,抓住他!"匈奴将领大呼小叫地指挥着手下在后面追赶。一边追赶,一边在后面张弓射箭。李广耳听着羽箭射来的声响,左躲右闪,不断用挂在马上的敌人弓箭上挑下拨。敌人羽箭纷纷落空,等再要张弓搭箭时,时间已经晚了。李广早已搭箭在手,趁着敌人再次换箭的空档,扭身急射,连珠箭响,这一支支长箭仿佛长了眼睛似的,无一虚发,匈奴兵纷纷被射落马下。匈奴将领急怒交加,高声喝骂,却始终对前面的李广无可奈何。

飞将戍·胡马衰·李广

青史流光：跨越时空的那些人

赎金减刑

李广向南逃遁了十余里，终于摆脱了敌人的追赶，回到了汉地。虽然这次李广在被俘的绝境下表现得智勇双全，不仅让敌人活捉自己的计划落空，还绝地反击，射杀了不少匈奴兵将。但总的来说，毕竟打了大败仗。按照当时汉朝的军法规定，将领如果损失过重，又曾被敌人活捉的话，应当被处以斩首极刑。幸好为李广求情者众多，而李广又确实一直战功赫赫、忠勇有加，最后朝廷允许李广通过交赎金减刑的办法免于一死，但却剥夺了他所有的官职和爵位，贬为一介平民。李广为国征战了多年，一夜之间功勋全无，换作旁人一定大发牢骚，但李广为人质朴、不善言表，虽心中郁郁，却并未埋怨。

南山射石

李广被罢免后,闲来无事,常与亲朋旧友进终南山打猎。由于他身手不凡,所获颇丰,故往往**流连忘返**。有一天夜里,李广一行回来较晚。彼时玉兔东升,林暗草寂。正走之间,猛然见到前方影影绰绰一片黑影,加上晚风吹拂、草影摇晃,看起来似乎有一只凶猛的老虎在潜伏捕食。李广大惊,赶紧拈弓搭箭,猛地朝着黑影射了一箭。结果黑影一声不响,动也不动。随从们小心翼翼地靠近观看,才发现哪里是什么老虎,不过是一块造型奇特的大石头罢了。石头并不打紧,大家再仔细一看,惊讶地瞪大了眼睛,只见李广射的那支羽箭已经深深地扎入了坚硬的顽石当中,只剩下一截尾羽尚在清冷的夜风中微微颤动。

青史流光：跨越时空的那些人

霸陵受辱

　　由于无法征战沙场，李广除了打猎，就只剩下和朋友聚会饮酒，一喝起来就忘记时间。一次晚归，路过霸陵亭的时候，通道已经关闭了。在当时为了解决治安问题，往往实行宵禁，一到夜间，就不许行人自由通行。时值看守路口的霸陵尉也喝醉了酒，这人大声呵斥李广等人："现在已经是宵禁时间，任何人不得夜行，你们几个知法犯法，是想被治罪吗？"李广的手下赶紧上前赔笑道："这位可不是普通人，他以前可是一位战功赫赫的将军！万望能通融通融。"霸陵尉呵呵一阵冷笑，轻蔑地说道："现在正在位的将军到了宵禁时间都不能通过，区区一个以前的将军又算得了什么？你们要么就地下马，要么就乖乖地被我绑起来。"

睚眦必报

　　李广气得火冒三丈，觉得自己的尊严被霸陵醉尉严重践踏了。但是自己现在只是一个平头百姓，而且霸陵尉执行的又是国家的法令，硬要争执起来，他们很可能被治罪。当下也没别的地方可去，他们一行人只好在霸陵亭的馆驿(yì)里将就了一宿。这件事情让李广耿耿于怀，总想着有一天能报复回来。果然，机会等到了。匈奴人又一次入侵汉朝的辽西地界，李广毕竟是名将，遂很快被皇帝起复，任命为右北平太守。**李广请求皇帝征召霸陵尉入伍参军，等霸陵尉一到军中，就被李广找了个借口杀掉了。**李广上书请罪，皇帝虽然对此非常恼火，但正值外敌入侵，国家正是用人之际，所以也没有责怪他，只是叮嘱他专心御敌。

青史流光：跨越时空的那些人

四〇

飞将盛名

　　右北平是一个郡的名称,治所在今天的内蒙古地区,所辖的区域在西汉时期曾是抵御匈奴的非常重要的前线地带。李广在右北平镇守期间,盘马弯弓,兢兢业业,百姓爱戴,士兵敬服。匈奴人对弓马娴熟、作战勇猛的李广十分畏惧,不仅送给他一个流传后世的鼎鼎大名——"汉之飞将军",而且数年内不敢入侵汉地。边境百姓终于可以安居乐业,不再担心有兵祸之苦了。这个事情直到几百年后的唐朝还被人深深怀念,著名的边塞诗人王昌龄曾在《出塞》中写道:"秦时明月汉时关,万里长征人未还,但使龙城飞将在,不教胡马度阴山",寥寥几句,"飞将"之威跃然而出。

深入敌境

汉朝休养生息了很长一段时间后,决定主动出兵征伐匈奴,于是派李广和博望侯张骞(qiān)分兵两路从右北平出击试探匈奴。张骞带了一万人,而李广只带了四千人。一路上兵进神速,没有遇到什么像样的抵抗,大家都以为匈奴不过尔尔。不料,当李广深入敌境几百里时,突然被匈奴左贤王(匈奴贵族中仅次于单于的二号人物)率四万人包围,一比十的悬殊比例,意味着李广这四千人有可能全军覆没。望着四周得意狂吼的匈奴兵将,汉军一个个惊慌失措,难道这次真的要马革裹尸了吗?大家不由得把眼光聚焦在了自己一贯信赖和尊敬的"飞将军"李广身上,他这次能够带领大家创造奇迹吗?

青史流光：跨越时空的那些人

突出重围

在这危急存亡的时刻，李广仍旧一副波澜不惊的神色。他镇定自若地把儿子李敢叫到身边，然后指着匈奴军阵对儿子耳语了几句。李敢一刻没有停留，转身招呼了身后的十几人纵马朝着敌人的一个方向冲去，难道李敢要前去送死吗？当然不是。原来李广已经看破了敌人重重包围中的薄弱环节，故此命令李敢带兵冲阵。只见这十几骑轻捷如飞、羽箭纷纷，很快就撕开了包围网。匈奴军队拼命阻止，发誓要将这十几个胆大妄为的汉军将士留下，可终究无能为力，只能看着口子越来越大，最终汉军透阵而出。看着征尘中高高飘扬的汉家旗帜，被围困的汉军热泪横流，终于有人能突出重围，搬取救兵了。

以寡凌众

匈奴左贤王远望着冲阵而出的汉军，气得暴跳如雷，但也无济于事。他没有命人追击，而是下令全军出动，向剩下的汉军缓缓逼近。战场上的气氛越来越紧张，许多汉军都屏（bing）住了呼吸，握紧了武器，准备迎接敌人暴风骤雨般的打击。正在此时，匈奴人背后喊声大作，厮杀声顿起。原来刚才突围的那十几人根本没有逃走，而是在李敢的带领下，调转马头又杀了回来。匈奴军队没有防备，四下乱窜，结果李敢等人轻轻松松地又杀回到李广身边。李广望着汗流浃背、血染征袍的儿子和众将士，微微颔首。他转身环视大家，高呼道："匈奴人不过如此，咱们十几人就能杀个来回，有何可惧？"

单骑御敌

李敢用实际行动证明了敌人看起来不可一世，但实际不堪一击，绝境中的汉军军心大振、士气高涨。作战经验极为老到的李广随即趁热打铁，命众人排成环形阵势，面朝匈奴大军四下放箭，主动进攻。敌人也弯弓还击。两军阵前，箭如飞蝗，惨叫声直冲云霄。汉军虽然射杀了不少匈奴兵将，但兵力相差悬殊，一番对射下来，汉军伤亡惨重。而且更令人担忧的是，大家的弓箭快用完了，一旦无箭可射，下场只有全军覆没。李广大喝一声，命令众人停止射箭，引弓不发。自己则单人独骑，出阵攻击。将士们手心里都捏着冷汗，又满怀希冀。只见他们的将军仿佛天神一般，绕着匈奴阵脚纵横驰骋（chěng），边跑边射。

以一敌万

　　李广的弓弦每一次发出颤动，就有一个匈奴将领中箭落马，敌人叱喝大骂，却总是躲不开李广那角度刁钻、速度奇快的羽箭。敌人将领纷纷摘掉标识，往士兵背后东躲西藏，唯恐被李广射中。左贤王命令箭手纷纷指向李广，密集的羽箭乌云罩顶般向李广飞袭而来。一般人早就被射成了刺猬，可李广凭借精湛的骑术，总能在箭雨覆盖范围外游荡，哪怕箭矢即将临体，也能巧妙避过。匈奴人又恨又怕，却也对李广束手无策。一时间，士气低到了极点。他们认为李广一定是神仙下凡，否则怎能如此神威凛凛？而死伤惨重的残余汉军忘记了可能血洒疆场的恐惧、忘记了反复拉弓射箭的疲累，用万千崇拜的眼神追逐着这一个人的厮杀。

张骞会师

　　天色已暗,夜幕降临。李广不顾疲倦,像往常一样神色平静、发号施令。众将士对他简直佩服得五体投地。一夜未曾安眠,匈奴人在夜间也不敢轻易出击。第二天,天色刚明,李广又继续率军奋力战斗,不过这时候汉军已经是强弩之末,恐怕坚持不了多久了。正在彻底无望之时,早已过了约定会师时间的张骞终于率领军队匆匆赶到了。匈奴人虽然兵多,但已经战斗了一天一夜,士气十分低落。他们不敢再继续面对张骞的军队,只好悻悻离去。而李广的部队伤亡惨重;张骞的军队远道赶来也十分疲倦,所以都无力再反攻追击匈奴。两人商量了一番,汉军已经无法继续作战,只好班师回朝。

徒劳无功

战役结束，汉军抵抗住了匈奴十倍人的进攻，但终归是伤亡惨重。当事的两位将领都面临着军法的严厉处罚。按照法律规定，博望侯张骞耽误了预定会师的日期，导致李广部队深陷重围，死伤众多，所以论罪当斩。张骞并不是一个普通的人，曾经历经千难万险出使西域，开拓了丝绸之路，被后世誉为我国伟大的外交家和探险家。但军法面前，张骞曾经的功绩也不能抵消罪责。最终张骞跟上次的李广一样出钱赎罪，死罪躲过，被贬为了平民。而李广则功过相当，虽然因不能查明敌情导致大军被围困，但身处绝境之时却果敢善战、以少胜多，打出了汉军的威风。最终朝廷不予惩罚，但也没有封赏。李广又一次徒劳无功。

问疑王朔

　　李广对自己一直与封赏擦肩而过的事情很是郁闷，都有点怀疑自己是不是命犯灾星呢？且不说这次战役，就是上次跟随大将军卫青从定襄出击匈奴时，其他将领都有获胜之功，进而封侯受赏。唯独他率领的这一路毫无建树。难道真的是命运作怪吗？百思不得其解的他找到当时著名的星象家、算命者王朔问道："请帮我看看我为何如此倒霉，总是得不到封赏？自匈奴入侵以来，我没有一次不参加大战的。很多人才能不及我，资历不及我，功劳不及我，却纷纷封侯受赏。为何只有我还在蹉跎（cuō tuó）岁月？为何只有我没有得到过封地呢？难道我的面相使我不能封侯，还是我的命运注定要承受如此悲剧呢？"

追悔往事

　　王朔端详了李广半晌，问道："李将军，您回想一下您的往日生平，可曾有做过什么令自己这辈子最后悔的事情吗？"李广沉默半晌，扶额叹息道："确实是有这么一件事情令我追悔莫及。当年我当陇西太守的时候，正碰上当地的羌人发动叛乱。为了能够尽快平定，我曾经假意许诺敌人，只要他们投降，我就既往不咎（jiù），绝不会伤害他们分毫，甚至会赦免他们的罪过。于是一下子有八百多人放下了武器。可等他们投降了之后，我却又担心他们再次反叛，就派人连夜把他们全都杀死了。那些人临死前愤怒、懊悔、绝望的眼神仿佛插在我心头的一根刺，时不时会跑出来折磨我。"

飞将戍·胡马衰·李广

五

青史流光：跨越时空的那些人

这就是您不能封赏的原因啊。

难封释疑

　　王朔轻轻地叹了口气，缓缓说道："李将军，这就是您总也得不到封赏的原因呀！您想想，还有比背信弃义、杀死那些已经投降的俘虏更令人厌恶、更会令苍天降祸的事情吗？"战场上勇猛无畏、刚健爽朗的李广此时只能默然无语、悔恨难及。其实，王朔这位算命先生说得很是委婉，他并没有直接说出李广性格上的缺陷。李广固然有很多优点，也很受不同时期很多人的喜欢，但他心胸狭窄、轻率好杀的毛病也确实难以掩盖。当初那个以宵禁法令约束、得罪过他的霸陵尉不就被他在匈奴入侵之际找借口杀掉了吗？也许皇帝也好、同僚也好，都意识到他的这个问题，但是又都不愿意当面指责他吧。

求战漠北

  公元前119年，雄才大略的汉武帝觉得时机已经成熟，决定发动漠北之战，一举铲除北方匈奴对汉朝长久以来的威胁。一番准备后，下诏命令两员名将卫青、霍去病各率五万骑兵出定襄、代郡，穿越大漠，远征匈奴本部。诏令下达后，身经百战的李广这次却不在出征将领之列。眼看着又一次为国杀敌、封侯受赏的机会要悄悄溜走，李广十分不甘心，于是数次上书请求跟随大将军出征。而汉武帝却认为他已年过六旬，无论体力、精力都不比从前，所以就一直拖着不肯答应。但后来实在经不起李广软磨硬泡，也实在难以拒绝这员老将的拳拳心意，只好同意他出任前将军，也就是大军的先锋。

好吧，那你做个先锋吧。

陛下，您就让我带兵出征吧，我身体很好。

飞将戍·胡马哀·李广

被令迂回

此次远征，大军进展顺利。匈奴是游牧民族，部落非常分散，面临汉朝的突然袭击，根本无法集结起大量的军队进行抵抗，所以汉军势如破竹，一路攻灭了不少零星的小部落。而且通过路上捉到的匈奴俘虏，很快锁定了匈奴单于的驻地，勾勒出了进军的路线。足智多谋的卫青决定亲自率领精兵千里奔袭，一举攻下匈奴王庭，活捉单于。而命令本应该拼杀在前的先锋李广同右将军赵食其(yì jī)会合，然后从东路迂回，包围单于，以防敌人逃遁。东路路远难行，缺乏水草，行军困难。而且最重要的是，走这条路线就意味着几乎不可能与单于碰面，自然也就不可能有活捉单于的天大功劳。

跪求冲锋

　　白发苍苍的李广恳请意气风发的大将军卫青说："大将军，我的职务是前将军，理应冲锋陷阵，直捣王庭，而您现在却命令我迂回前进，实在不妥当。我从年少时就与匈奴人作战，直到今天满头白发，才能有机会跟单于对阵。我渴望这次成功，请您给我这次机会，让我与单于决一死战吧。"说罢，摘下头盔，单膝跪地，两眼充满渴望地望着卫青。可卫青毫不动摇，拂袖而去。李广等了许久不见回音，只好返回自己的军帐。刚刚落座，门外就有卫青派来的长史传达将令，让他迅速出发，与右将军会合进兵，不得拖延。李广听着这道几乎已经将自己的前途、自己的希望彻底毁灭的命令，不由得悲愤交加。

飞将戍 · 胡马哀 · 李广

青史流光：跨越时空的那些人

落寞东进

　　李广没有按照规矩和惯例向大将军辞行，而是满怀着遗憾和愤懑(mèn)会合了右将军赵食其的部队从东路出发了。手下将士们看着苍髯皓发的老将军满是同情，但军令难违，只能在狂沙飞扬的大漠中寻路前行。李广知道，卫青的好友校尉公孙敖刚刚失去了爵位，所以卫青想要把他这个绊脚石调开，然后和公孙敖一起获取活捉单于的功劳，以便将来恢复公孙敖的爵位。但李广不知道的是，卫青之所以坚决拒绝他的请求，还因为汉武帝在出征前就曾私下里偷偷警告卫青：千万不要让李广与单于对阵。一者他年龄已大，二来他命运一向不好，如果面对单于，恐怕就捉不到单于了。

大漠迷路

　　黄沙漫天，狂风怒吼，李广一行人在大漠间蜿蜒前行。军旗猎猎，却难以指明王庭的位置。大漠行军最可怕的就是迷失方向，而李广这次出兵本来就心怀怨愤，所以根本无心检查装备和人员就仓促成行，结果最为重要的大漠向导却没有跟随。没有向导，就没有方向，看着舌弊口燥却茫然不知去向的众人，李广颇为后悔。但又能怎么样呢？只能凭着蛛丝马迹在大漠中寻路而行。当东路大军终于靠着幸运从大漠中走出来的时候，已经错过了与大将军卫青合围匈奴单于的机会。而卫青虽然在没有李广策应的情况下也成功突袭了敌人，把匈奴主力打得四散逃窜，但最为重要的战略目标没有实现——匈奴单于逃走了。

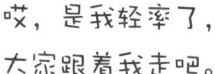

青史流光：跨越时空的那些人

我这人生啊就像这残阳，没有什么机会啦！

夙愿破灭

卫青没能捉到单于，又无法率众在匈奴腹地久呆，只好回师南返。途中遇到了从大漠中走出的李广和赵食其部。双方并没有大军会师的喜悦，李广只是简单地参拜了大将军之后就心情沉重地回到自己的军帐。李广明白，这次远征其实汉军失败了。自己率领的东路大军未能如期到达，不仅导致单于未能俘获，甚至还导致大将军的突袭队伍陷入了孤军奋战的境地。所幸最终大将军得胜而归，但自己的罪责恐怕难免。本来最有可能获得灭国大功、实现封侯夙（sù）愿的一次机会，就在这一系列莫名其妙的打击中化为了泡影。李广透过军帐的缝隙，望着渐渐西坠的残阳，心中的火焰熄灭了。

迷途获罪

卫青派来了手下的长史,带着干粮和美酒。长史一边说着"将士们辛苦了"这样的犒劳话语,一边拐弯抹角地询问李广和赵食其迷路的情况。李广没有多说什么,只是简单地做了陈述就沉默不语。长史回报大将军后,卫青命人传话给李广,说自己要上奏皇帝,如实禀报其中的曲折正误,李广依旧沉默应对。卫青急了,再次命人通传李广手下的校尉们,要他们到自己的幕府接受讯问。李广长叹一声,他无法再沉默下去,大将军已经给自己留了面子,而自己再不合作,就会危及到手下人了。于是苦笑着对来人说道:"迷失道路跟我手下的这些校尉们没有关系,都是我的过错造成的,稍后我亲自去向大将军请罪。"

青史流光：跨越时空的那些人

不愿受辱

　　李广呆坐了半晌，缓缓起身向大将军幕府走去，曾经伟岸雄壮的身躯在凄凉的晚风中显得佝偻（gōu lóu）苍凉。手下的校尉随从们纷纷自发地紧跟其后，大家都不想他们爱戴的将军被责罚，都想着如何为他分辩，为他分担。残阳的余晖洒落在幕府辕门外，李广停住了脚步。他缓缓回身，凝望着手下那一张张充满焦虑的、或年轻或年老的面孔，平生第一次哈哈大笑。他慷慨说道："我李广从少年时起就与匈奴厮杀，大小战斗七十多次，如今终于能跟大将军出征且能对阵单于，可是大将军又偏要调我部走迂回绕远的路，而我却又偏偏迷路，这真的是天意啊！我如今已六十多岁了，难道还要再被审问，再受刀笔吏的侮辱吗？"

刎颈自证

　　说罢，李广猛然挺直了身躯，双目神光四射。他再次环视了一次手下这些跟着自己出生入死的兄弟同袍，转身面对着大将军的军旗，"仓啷啷"一声拔出了肋下的宝剑，在众人的惊呼声中，一剑抹在了自己的脖子上。鲜血喷涌而出，和着如血的残晖洒落辕门。众人疯狂地、哭着喊着争相上去抢救，想要为他止住那汩汩(gǔ)流淌的鲜血，可再多暖洋洋的手也捂不热那颗已经冰冷的心，再多热辣辣的泪也融不化那份已经绝望的情。李广死了，曾经驰骋疆场、箭无虚发的"飞将军"死了，大家抱着李广的尸体哭得昏天黑地。卫青从军帐中走出，默默看着眼前哭泣的众人和李广那死不瞑目的眼睛，心中不由得蒙上了一层悔意。

青史流光：跨越时空的那些人

可怜的"飞将军"征战无数，怎么落得如此下场。

军民追忆

李广既死，迷失道路的罪责最后只能由右将军赵食其承担。论罪本当处死，最后赵食其也是通过金钱赎罪的方法，免于一死，被罢为了庶民。此案尚未了结，朝廷已经厉兵秣马，准备再次征讨匈奴，李广的死并没有引起朝廷多少重视，更没有得到什么特殊的追封或者礼遇。但那些跟过李广的袍泽没有忘记他，那些边地的百姓没有忘记他。当李广自刎而死的消息传遍军中、传遍全国的时候，无论见过还是没见过李广的、也无论男女老幼，都为之痛哭失声。可叹"飞将军"一生为国征战、为汉戍边，从少年至白头从无懈怠、忠勇有加，最终却落得如此下场，实在令人叹惋不已。

爱兵如子

　　李广为将非常清廉，自己因功获得的赏赐往往都分给部下，而他自己家中不置家产，当俸禄二千石（dàn）的将军有四十余年，到死的时候家中却连多余的财物都没有。他治军宽缓，不喜欢用严苛的军令约束士兵，行军打仗中遇到危难时，总是身先士卒、勇猛顽强。由于他弓马娴熟，总能在各种绝境中获得胜利，所以深受敌我双方钦佩。平日住在军营中，常与手下同吃同饮。每到缺水断粮之时，只要有一个士兵没喝水，他就不靠近水源之地，有一个士兵没吃饭，他就不会端起饭碗。这种温和可亲、爱兵如子的性格非常受广大将士的欢迎，大家都愿意跟随他冲杀战场，都愿意为他死命效力。

青史流光：跨越时空的那些人

只有离敌人和猛兽足够近，才能一击即中。

箭术高超

李广身材非常高大，臂长如猿猴（古代描写神箭手的时候一般都说这人长有"猿臂"），非常有射箭的天赋，可以说是冠绝当时。他的后人或者想向他学射箭的人都很难达到他的水平。李广的兴趣很少，也不善言辞。除了行军打仗，平常在军营中唯一的爱好就是和同袍一起射箭赌酒。也许只有射箭饮酒的欢乐才能冲淡他隐藏在心底的孤独。李广对自己的箭术要求非常严格，不许自己箭有虚发。所以往往要等敌人、猛兽离得比较近、他有把握一击必杀时才松弦，结果每次都能使对方应弦而倒。但这种做法也往往将自己置于险地：遇到大队敌军，李广经常会被敌军围困；射猎猛兽时，也常常会被垂死的猛兽抓伤。

李敢犯上

　　李广去世的时候,他的大儿子李当户、二儿子李椒都已经不在了,只留下了幼子李敢。李敢当时是骠骑将军霍去病的手下,因为漠北之战中,攻打匈奴左贤王的时候作战勇猛,斩首夺旗很多,所以获封关内侯,并代他的父亲做了郎中令。血气方刚的李敢认为是大将军卫青处事不公的原因才导致了自己的父亲屈辱而死,于是怀恨在心,乘一次机会挟愤出手,打伤了大将军卫青。卫青为人素来忠厚,而且内心深处认为李广之死确实与自己有一定的关系,而李敢也是沙场猛将,所以对胆敢以下犯上的李敢不仅没有还手,也没有追究责任,反而处处替李敢遮掩,不想让别人知道此事,以免让李敢受到皇帝的处罚。

青史流光：跨越时空的那些人

看那只鹿，多好的猎物啊！

去病射李

可惜纸终究包不住火，李敢打伤卫青的事情还是被骠骑将军霍去病知道了。汉武帝、卫青和霍去病是有亲戚关系的：汉武帝的皇后卫子夫、霍去病的母亲卫少儿分别是卫青的三姐和二姐，所以汉武帝是霍去病的姨夫、卫青是霍去病的舅舅。年轻气盛、背景深厚的霍去病不能容忍李敢的这种放肆行为，而且李敢还曾是自己的下属，所以决定要替自己的舅舅教训一下李敢，出一口恶气。于是在某天陪皇帝一起到甘泉宫狩猎的时候，将李敢假装看成是野兽，一箭射杀了。汉武帝知道后，不忍责备宠爱有加、功勋卓著的自家亲戚霍去病，只好对外掩饰说李敢是被鹿撞死了，此事最终不了了之。

李陵降胡

李敢死后,他的侄子李陵(李广的大儿子李当户的遗腹子)继续为朝廷效力。李陵也擅长射箭,而且爱护士卒,颇有祖父李广的遗风。天汉二年(公元前99年),李陵带领五千人马出击匈奴,协助贰师将军李广利作战。结果遭遇匈奴主力八万人,深陷重围。李陵率众边走边打,连续奋战八日,杀死匈奴士兵一万有余,而自己的部队也伤亡过半,箭矢已然用尽。在一峡谷处,再次被漫山遍野的匈奴军队围住,而此时已经粮尽水竭。匈奴单于十分佩服李陵,派人招降。李陵左思右想,喟(kuì)然叹道:"我此生无面目再见皇帝陛下呀!"最终被迫放下武器,投降匈奴,所率五千人除了逃归四百人外,全军覆没。

青史流光：跨越时空的那些人

仗义执言

李陵战败归降匈奴的消息传回汉朝，汉武帝大怒，召集百官商量如何处理此事。大家都纷纷大骂李陵，说他不能为国尽忠守节，是个大大的奸贼。唯有太史公司马迁仗义执言说："李陵为人忠孝两全，对士兵讲求信义，为国家常赴危难，很有国士之风，这样的人仅仅一次失败就被群臣如此贬低，实在令人痛心。而且李陵兵不满五千，深入敌境，转战千里，斩杀敌人万余人，士兵们纵然已是赤手空拳，也宁可为其效死力，这样的行为就是古代的名将也不过如此呀！李陵虽败，但凭借斩杀敌人的数量也足以名动天下，他之所以投降，一定是想抓住机会立功赎罪以报效朝廷。"

司马遭刑

　　司马迁的慷慨陈词，不仅没有打动皇帝，反倒为自己带来了杀身之祸。因为李陵率五千人出征的命令其实是汉武帝下达的，而且司马迁的话让汉武帝感觉有诋毁贰师将军李广利出征无功的嫌疑。这次出征，其实主力是李广利，但他却一无所获。而李广利的妹妹李夫人是皇帝的宠妃，皇帝则一开始并不看重李陵，想让李陵当贰师将军的后勤。李陵极力请求下才能独自领军。但最终结果，两人战功天壤之别。李广利率领优势兵力却劳师无功，李陵兵微将寡，虽最终战败，但过程却掩盖不住的荡气回肠、战功卓然。司马迁的话让汉武帝觉得脸上挂不住，又心恨李陵投降匈奴，于是气急败坏地迁怒于司马迁，将其处以腐刑。

青史流光：跨越时空的那些人

九六

武帝株连

　　数年后,汉武帝醒悟过来,觉得李陵投降匈奴确实不是李陵的过错,是自己朝令夕改,导致李陵孤立无援所致。于是不仅下诏慰问了李陵原来的部将,还派公孙敖深入匈奴境内,想要接回李陵。可不靠谱的公孙敖没有接到李陵,却带回来一个谣言,说李陵正在匈奴替匈奴人练兵,不日将进攻大汉。汉武帝闻听,勃然大怒,等不及分辨真伪,就毫不留情地把李陵在汉朝的母亲、妻子、子女、兄弟全部诛杀了。后来又有使者到匈奴时,方才知道帮着匈奴练兵的是另外一个汉朝的降将,叫李绪,根本与李陵无关。但木已成舟,大错已就,谁都没有办法改变。李广的家族从此就彻底衰落下去了,甚至名声都因为李陵而大受影响。

拒绝归汉

而抓获了李陵的匈奴单于则对李陵特别欣赏,不仅在李陵刺杀了为匈奴练兵导致他全家被杀的李绪后,帮助李陵逃过大阏氏(单于自己的妻子)的追杀,甚至还把女儿嫁给了他,并且封他为右校王,成为掌权的权贵,遇到大事总是会与其协商。后来汉武帝死后,汉昭帝即位,辅政的大将军霍光、左将军上官桀(jié)曾与李陵关系友好,所以再次派人去匈奴想把李陵唤回。但此时李陵待在匈奴已经很久了,心灰意懒,而且对汉武帝杀其全家一事始终不能释怀,也害怕回去后再次蒙受耻辱,于是说道:"大丈夫为人处世不能反复无常,我也无面目再回大汉。"拒绝了汉朝的再次招揽,最终在匈奴待了二十多年病逝。

陛下想让您回去啊!

大丈夫不能出尔反尔,
我回不去了呀。

飞将戍·**胡马衰**·李广

九九

青史流光：跨越时空的那些人

当朝称赞

身后之事虽然纷纷扰扰,但一代名将李广的人品、功绩还是得到了当时大多数人的交口称赞,他历经汉朝三代皇帝,无论是匈奴单于还是汉朝君主,都往往对他青睐(lài)有加。他虽然平常讷(nè)言寡语,但丝毫不影响时人对他的良好评价,太史公司马迁在《史记》中对他不吝褒奖,曾说他"桃李不言,下自成蹊",意思是李广老实厚道的像个乡巴佬,也不善讲话吹嘘,但是他的为人、他的品质让人不由自主地敬仰和爱戴,乃至他死的时候,认识的不认识的都为之痛哭流涕。这就仿佛那成熟的果实不言不语,却总能吸引人们去采摘,云集的人太多以至于树下都被踩出了小路。

后人赞誉

后世之人对"飞将军"也颇多赞誉,唐宋时期都有皇帝曾经把他列入官方的历代名将名录里,民间也有很多诗人用名诗名句纪念这位充满悲情的"飞将军",纪念这位为了抗击侵略而奋斗一生的名将。"林暗草惊风,将军夜引弓,平明寻白羽,没在石棱中。"卢纶的《塞下曲》将李广射石的飒飒英姿永远留在了历史的丰碑之上;"君不见沙场征战苦,至今犹忆李将军",在《燕歌行》中,高适用慷慨悲壮、雄健激昂的笔调表达了对李广这位爱兵如子、有勇有谋的名将的追忆。而李广生不逢时、终身未能封侯的悲剧也让后人惋惜不已。王勃在《滕王阁序》中就发出了"时运不济,命运多舛（chuǎn）。冯唐易老,李广难封"的浩叹。

君不见沙场征战苦,
至今犹忆李将军。

飞将戍·胡马哀·李广

青史流光：跨越时空的那些人

心胸狭窄
要强持勇
不知轻重
过于刚直

勇敢顽强
舍生忘死
骁勇善战
爱兵如子

光辉一生

　　李广的"悲剧"形成有他自己的问题。不可否认，作为一个有血有肉的人，他身上存在着很多缺点：比如不知轻重地接纳诸侯王的印信、比如心胸狭窄地杀死了霸陵尉，比如不讲信义地杀害了俘虏，比如要强恃勇的性格常常让他深陷绝境，比如粗直不弯的性格让汉武帝和卫青不喜，这些缺点甚至影响到他的儿子、孙子。但更多的原因却是当时的汉武帝重用外戚，不肯重用普通将领的用人策略。李广在这样的大环境中，确实难封。但封侯非我意，但愿北疆平，李广无论是否被封侯，都无损于他光辉的一生。他那勇敢顽强、舍生忘死的精神一直激励着后来那些在外敌入侵时奋勇战斗的人们。

小小评论家

1. 总结一下李广给你印象最深刻的地方在哪里?

   _____

2. 你觉得李广有哪些优缺点?

   _____

3. 霍去病为什么要杀死李敢,你觉得他做得对吗?

   _____

4. 如果你是司马迁,你会为李陵辩护吗?如果是,你要怎么辩护呢?

_____

5. 如果遇到外敌入侵,你会像李广一样为国奋战吗?

_____

6. 仔细想想李广为什么一生难封侯呢?

_____

文史小课堂

1. 秦统一六国：战国时期，齐、楚、燕、韩、赵、魏、秦七国争雄。最终秦国胜出，秦王嬴政用十年的时间先后灭掉六国，一统天下，建立起名传后世的大秦王朝，这是中国历史上第一个封建王朝。

2. 生灵涂炭：人们深陷在泥淖和火坑里，形容人们处于极端困苦的境地。出自《尚书·仲虺（huī）之诰》。

3. 良家子：汉代镇守边境地区的军人有两种身份，一种是出身七科谪的戍卒，所谓"七科谪"指的是当前是商人的人、曾经是商人的人、父母是商人的人、祖父母是商人的人、赘婿、罪吏、刑徒这七种身份。具有这些身份的戍卒地位非常低下。另外一种就出身农家的良家子，这些人从军时，在军中地位比较高。这种身份的区分反映出当时统治阶级"重农抑商"的思想。

4. 万户侯：指食邑在一万户以上的侯爵，在汉代是级别最高的侯爵。所谓的"食邑"来源于分封制。天子封给诸侯一定的土地，诸侯对这些土地及土地上的人有管辖权，同时收取税赋，即拥有食税权。汉代实行郡县制，拥有食邑的人对人口不再有管辖权，但仍然可以享有赋税。后世有些朝代，食邑数量变为了荣誉，真实的数量与名称差异很远，如食邑两千户，可能实际只有两百户。当"万户侯"是古代很多人追求的梦想。

5. 七国之乱：汉景帝时期的一场政治叛乱。汉朝初期，汉高祖刘邦为了让刘姓子弟拱卫皇室，分封了九个诸侯王，后世吕后、汉文帝时期，对诸侯王数量时有增减。有些诸侯王管辖的疆域广阔、人口众多，甚至实力上超过了中央政权，严重破坏了大一统的局面。为了解决诸侯国的问题，即位不久的汉景帝就接纳御史大夫晁错建议，强力削藩，下诏削夺吴、楚等诸侯国的封地。本来就野心勃勃的吴王刘濞正好借机反叛，以"诛晁错，清君侧"的名义联络了楚王刘戊、赵王刘遂、济南王刘辟光、淄川王刘贤、胶西王刘昂、胶东王刘雄渠等七王，共同起兵对抗中央。汉景帝一开始慑于七国兵威，打算牺牲晁错以换取七国退兵。但当腰斩晁错后，反而被吴王刘濞认为软弱可欺。结果吴王刘濞直接称帝。汉景帝只好下定决心派太尉周亚夫等人平叛。三个月后，叛乱平定，七王皆死，除了楚国外，其他六国都被废除。汉景帝随后采取了一系列措施，大大削弱了诸侯国的实力，为其子汉武帝解决诸侯问题打下了基础。

6. 射雕手：能够射雕的箭术高手。后用来借指在某些方面技能出众的人。

7. 闲庭信步：即在宽敞的院子里散步，形容非常清闲的样子，也往往用来形容胸有成竹、信心十足的状态。

8. 出类拔萃：形容超出同类很多，多指品德与才能。出自《孟子·公孙丑上》，原是孟子对孔子的盛赞："圣人之于民，亦类也。出于其类，拔乎其萃，自生民以来，未有盛于孔子也。"

9. 有恃无恐：有所凭仗、倚靠而毫无恐惧感。出自《左传·僖公二十六年》。

10. 未央卫尉、长乐卫尉：卫尉是三公九卿制度中九卿之一，掌管宫廷宿卫。西汉时期，皇帝居未央宫，保卫未央宫的卫尉称未央卫尉，太后居长乐宫，保护长乐宫的卫尉称长乐卫尉。另在都城长安城外的建章宫、甘泉宫设有建章、甘泉两卫尉。另设卫将军统管诸卫尉。担任卫尉者，多为皇帝信任之人。

11. 终南山：又名太乙山、中南山，简称南山，位于今天的陕西省境内，属于秦岭中的一段。西汉都城长安在其北面，是中国历史上非常著名的地理标志。祝福老年人常说的"寿比南山"一词中的"南山"，讽刺有些人不肯老老实实用功，只想投机取巧的"终南捷径"中的"终南"都与终南山有关。许多历史名人如姜子牙、张良、王维、李白、陆游等都与此山有关。

12. 霸陵：西汉文帝的陵墓，因临近灞河而名，因此也写作"灞陵"。附近有霸陵亭、霸陵桥，在古代非常有名。尤其是霸陵桥，唐代曾是出入长安的交通要道，两边遍植杨柳，所以在此地折柳送别是当时的风尚，诗人李白曾有《忆秦娥》写道："箫声咽，秦娥梦断秦楼月。秦楼月，年年柳色，灞陵伤别。乐游原上清秋节，咸阳古道音尘绝。音尘绝，西风残照，汉家陵阙。"

13. 不过尔尔：不过这样罢了，含轻视的意味。

14. 马革裹尸：用马皮裹着尸体下葬，比喻战死沙场。

15. 不可一世：形容人自命不凡、狂妄嚣张到了极点。

16. 五体投地：即磕头的意思。头、两手、两膝同时碰到地面，所以称"五体投地"。常用来形容佩服到极点。

17. 徒劳无功：白白地付出苦劳，却得不到任何功绩。

18. 蹉跎岁月：指虚度光阴，时光白白流逝却毫无作为。形容人毫无斗志，浪费时间。

19. 既往不咎：对已经过去的事情，就不必再责怪了。出自《论语·八佾(yì)》："成事不说，遂事不谏，既往不咎。"

20. 漠北之战：汉武帝时期，汉匈之间发生的三场大战之一，是汉武帝对匈攻略的顶点。公元前119年，挟河西之战胜利之威的汉武帝，派遣大将军卫青、骠骑将军霍去病各率五万骑兵、数万步卒，分两路分别从定襄、代郡出击，深入草原腹地，对匈奴展开攻击。两路兵马狂飙突进，势如破竹。卫青一路，在东路军未能如期抵达的情况下，依旧大胜匈奴，歼敌一万九千余人，差点活捉匈奴单于伊稚斜。霍去病一路，彻底打残了匈奴左贤王，歼敌七万余人，封狼居胥山。此战后，匈奴元气大伤，一度"漠南无王庭"，实力渐衰。

21. 幕府：本指将帅们设在野外的营帐，后用来泛指军政大吏的衙署。古代能够开设幕府，选置随员的都是高级官员，如三公、大将军等。文中提到的"长史"即为幕府中的官职之一。

人物小传

李广：号"汉之飞将军"，西汉名将。有三子：李当户、李椒、李敢。一生征战匈奴，勇猛善射，擅长绝境反击，曾以未能封侯为憾。后随卫青进攻匈奴王庭，迷途失道获罪，因不愿受审，自刎而亡。

李信：李广先祖，秦朝大将，曾多次参与灭六国战争。年少气盛时，被秦王嬴政派去攻灭楚国，结果被项羽祖父项燕击败。

汉文帝：名刘恒，汉高祖刘邦之子，与其子汉景帝开创"文景之治"，在位期间因"缇萦救父"废除肉刑。

汉景帝：名刘启，汉文帝刘恒之子，与其父汉文帝开创"文景之治"，在位期间因削藩导致"七国之乱"。

周亚夫：汉朝开国名将绛侯周勃之子。汉文帝、汉景帝时期名将，曾平定"七国之乱"，治军严整，有"细柳营"之美誉，曾言"将在外，君命有所不受"。

梁王：名刘武。汉景帝之弟，曾被汉景帝指定为皇位继承人，很受母亲宠爱，为汉景帝所忌。著名的"梁园"为其所建，司马相如、枚乘等汉赋名家为常客。在"七国之乱"期间，坚决支持中央政权，全力阻挡吴王刘濞的叛军。

公孙昆邪：也作"公孙浑邪"，汉景帝时任典属国，其子（或孙）公孙贺与汉武帝分别娶卫氏姐妹卫君孺、卫子夫。

汉武帝：名刘彻，汉景帝之子。开创"汉武盛世"，曾"罢黜百家，独尊儒术"，颁行"推恩令"，首开"丝绸之路"，奠定中华疆域。其第二任皇后即卫子夫。

程不识：汉武帝时名将，生平未尝败绩，与李广齐名。

张骞：汉武帝时期名臣，封博望侯，杰出的外交家、探险家，"丝绸之路"的开拓者，两次出使西域，司马迁赞为"凿空"，即"开通大道"。

卫青：汉武帝时期名将，封长平侯，官至大司马大将军，其三姐为汉武帝皇后卫子夫。北伐匈奴，七战七胜，奇袭龙城，收复河朔、河套等地，远征漠北，用兵大胆，去世后汉武帝为其建形如庐山之墓。

霍去病：汉武帝时期名将，封冠军侯，官至骠骑将军，后世称"霍嫖姚"，其母为卫子夫二姐卫少儿。北击匈奴，封狼居胥。英年早逝，去世后汉武帝为其建形如祁连山之墓。其同父异母弟为霍光。

赵食其：汉武帝时期将领，跟随大将军卫青出击匈奴，以右将军身份与李广迂回攻击匈奴，迷失道路，当斩，以金赎罪，贬为庶人。

李敢：李广第三子，多次对敌匈奴，战功赫赫，曾随霍去病讨伐匈奴，有夺旗斩首之功，封关内侯，后因殴打卫青，被霍去病射杀。

卫子夫：汉武帝刘彻第二任皇后，在皇后位三十八年，谥号思，是中国历史上第一位拥有独立谥号的皇后。本是汉武帝姐姐平阳公主家歌女，与路过平阳公主家的汉武帝结识。汉武帝对其一见钟情。后入宫，日渐尊崇，最终被立为皇后。后在巫蛊之祸中被牵连，自杀。一生恭谨克己，贤良淑德。其兄弟卫青、外甥霍去病都是名垂后世的汉朝名将。

卫少儿：卫子夫二姐，霍去病之母。原为平阳公主家侍女，与在平阳公主家供事的小吏霍仲孺生下了霍去

病。后霍仲孺离开平阳公主府，另娶妻生子，抛弃了卫少儿。卫少儿后嫁于陈平曾孙陈掌，陈掌因小姨子卫子夫受宠，也得以被汉武帝提拔。

李陵：李广之孙，李敢之子。本为汉朝名将，但因孤军深入匈奴境内，被困后投降匈奴。为时人所不齿。后世演义《杨家将》中有杨继业碰死李陵碑一折，即以此为原型虚构。

司马迁：中国伟大的史学家、文学家、思想家，开创纪传体史书先例，著有《史记》。因为李陵辩护而遭刑。

汉昭帝：名刘弗陵，汉武帝之子。八岁继位。登位时由霍光、金日磾、上官桀、桑弘羊等辅政，后金日磾去世，上官桀、桑弘羊反对霍光，不敌，被杀。昭帝遂专任霍光。

霍光：西汉著名权臣，霍去病同父异母弟。麒麟阁十一功臣之首。常与商朝的贤相伊尹并称"伊霍"，二人都曾辅佐年少帝王，且有废立帝王之行，后世常以"行伊霍之事"代指权臣摄政废立帝王。

上官桀：西汉外戚大臣，孙女为汉昭帝皇后，其子娶霍光之女。与霍光关系密切，但后来反目，因谋害霍光失败被杀。

李绪：汉军将领，被匈奴所俘，帮助匈奴练兵。汉武帝听信传言，将李绪误认为是李陵，从而杀害了李陵全家。后李陵遣人刺杀了李绪。

公孙敖：西汉将领。与卫青关系非常好。得到汉武帝重用。后公孙敖随卫青、霍去病出征，但多数情况下都大败而归，损失惨重，甚至要靠诈死来逃避惩罚。最后因巫蛊之祸受牵连，被腰斩而亡。